LE PROPAGATEUR

DES ASSURANCES

CONTRE L'INCENDIE,

par M. Louis Bellet,

AUTEUR DU CODE DE LA FAMILLE, DES EXPLICATIONS DES ASSURANCES SUR LA VIE, ETC.

VINGT-SIXIÈME ÉDITION

PARIS
CHEZ L'AUTEUR,
Rue Rochambeau, 14 (square Montholon)

1872

C.

LE
PROPAGATEUR
DES ASSURANCES.

AU LECTEUR.

C'est l'heureux développement des idées de prévoyance qui a fait naître le système des *assurances* qui existent, soit sur la vie des hommes, soit contre l'incendie, les risques de mer, les ravages de la grêle, la mortalité des bestiaux.

Nous ne nous occuperons ici que des *assurances contre l'incendie*, presque inconnues en France il y a quarante ans, mais dont les bienfaits sont chaque jour d'autant plus appréciés, qu'ils sont visibles, palpables, et qu'ils peuvent frapper les esprits les moins clairvoyants.

Nous avons mis à profit les leçons que nous a données, sous ce rapport, l'Angleterre, où les immeubles (on appelle ainsi les maisons ou bâtiments) et les valeurs mobilières (mobiliers et marchandises) sont assurés contre l'incendie. Si cependant les assurances ne sont pas encore entrées partout dans nos habitudes, la faute n'en doit pas être attribuée d'une manière absolue à une insouciance coupable ou à l'imprévoyance ; mais on ignore peut-être trop, en général, ce que c'est qu'une assurance contre l'incendie. On ne se rend pas compte des opérations des *Compagnies d'assurances* qui garantissent, à ceux qui savent s'imposer un léger sacrifice d'argent, la conservation de ce qu'ils possèdent.

Combien de personnes, en effet, ne se font pas assurer parce que les *assurances* ne leur représentent pas une chose claire, précise, intelligible; parce qu'elles ne se doutent pas, en un mot, de ce qu'on demande à leur prévoyance ?

Le but que nous nous proposons d'atteindre est donc celui-ci :

Indiquer les bases sur lesquelles reposent les *assurances contre l'incendie;*

Faire connaître les avantages qu'elles offrent en réparant les pertes que les ravages du feu amènent à leur suite.

Nous nous estimerions heureux si ce tout petit livre contribuait à propager le principe de ces assurances, et devenait le guide des personnes qui voudraient faire *assurer* contre les désastres de l'incendie ce qui constitue peut-être toute leur fortune et le patrimoine de leurs enfants.

CHAPITRE PREMIER.

CE QUE C'EST QU'UNE ASSURANCE CONTRE L'INCENDIE.

Dans son acception la plus étendue, une *assurance* est un contrat par lequel une ou plusieurs personnes s'obligent envers une ou plusieurs autres à les garantir, moyennant une somme convenue, contre les effets de certains risques dont la nature est toujours déterminée. Ainsi, outre le consentement des parties contractantes, sans lequel aucun contrat ne peut exister, trois choses forment la base du *contrat d'assurance :*

Un objet assuré ;

Les risques auxquels cet objet est exposé ;

Un prix à payer en raison de ces risques.

Ce n'est pas contre l'incendie qu'on s'assure, mais contre les dégâts, les dommages et les pertes matérielles qui peuvent résulter de l'incendie.

Les Compagnies qui assurent prennent le titre de COMPAGNIES D'ASSURANCES.

On s'assure de deux manières :

Soit en payant annuellement une somme fixe, invariable pour toute la durée de l'assurance : c'est alors ce qu'on appelle *assurance à prime fixe*, soit en payant une somme variable qui s'accroît en proportion des pertes éprouvées par tous les assurés ; c'est ce qu'on appelle *assurance mutuelle*. Nous examinerons plus loin ces deux modes d'assurances, afin de reconnaître celui qui est le plus avantageux. Il ne sera question, pour le moment, que des *assurances à primes fixes*.

La PRIME est donc la somme payée à l'*assureur* pour prix de l'*assurance*.

Le contrat ou le traité qui intervient entre la *Compagnie d'assurance* et *l'assuré* s'appelle POLICE. Cette police, qui devient la loi des parties, fait connaître les droits et les devoirs de chacune d'elles. La Compagnie qui assure et l'assuré ne sont engagés qu'après la signature de cette police.

Nous avons dit que la *prime fixe* était celle qui ne variait jamais. Ceci demande cependant quelques mots d'explication :

Si vous faites assurer votre maison pour 50,000 fr., on vous demandera annuellement, par exemple, 50 centimes par chaque mille francs, c'est-à-dire 25 fr. par an ; mais cela suppose que votre maison est construite en pierres, en briques ou en moellons ; qu'elle est couverte en tuiles, en ardoises ou en métaux. On vous demandera une prime plus élevée si votre maison est en pans de bois et en plâtre. Si elle est tout en bois ou torchis, ou couverte en bois ou en chaume, la prime sera plus forte encore, et cela se conçoit.

Les *Compagnies d'assurances* doivent faire

payer plus ou moins cher à l'*assuré* en raison du plus ou moins de chances qu'elles courent en cas d'incendie. or, la maison en bois brûlera plus rapidement que la maison de construction mixte; celle-ci, à son tour, sera plus promptement entamée par le feu que le bâtiment en pierres de taille.

Il en est de même des marchandises. Les unes sont plus inflammables que les autres · celles-ci se consumeront sans donner à l'incendie une nouvelle activité; celles-là, au contraire, serviront d'aliment aux flammes. Dans certaines fabriques, le feu peut causer des dégâts partiels sans tout anéantir; dans d'autres, au contraire, où beaucoup de matières combustibles sont réunies, tout sera détruit.

Les primes doivent donc varier en raison de ces risques divers; seulement, ces primes, une fois établies, demeurent fixes : l'assuré est en présence d'une dépense limitée.

Il ne peut échapper à personne que le système des assurances ne soit une application du grand et fécond principe de l'*association*. Tous les assurés qui s'adressent à une même *Compagnie* versent dans sa caisse le montant de leurs primes; ce sont ces primes qui servent à réparer les pertes que les assurés éprouvent.

Les conseils de l'expérience ont été suivis lorsqu'il s'est agi de la fixation des primes; elles ont été calculées de manière à être en rapport avec les pertes présumables, et de manière même à laisser aux Compagnies de légitimes bénéfices.

Ces établissements ont nécessité la présence de capitaux importants, qui ne pouvaient demeurer stériles et improductifs. Il est donc naturel que les personnes qui ont prêté aux *Compagnies d'assurances* l'appui de leur argent, le voient fructifier en raison même des chances de pertes auxquelles elles se sont exposées. Au surplus, ce que l'assuré doit sincèrement désirer, c'est que la Compagnie qui l'assure offre des bénéfices à ses actionnaires.

Ce sera pour lui l'indice que les primes perçues sont nombreuses; que les sinistres (les accidents causés par le feu) n'excèdent pas les proportions prévues; et que, s'il était un jour victime d'un incendie, ses pertes seraient bientôt réparées.

Il résulte de l'exposé qui précède :

Que s'assurer contre l'incendie, c'est passer avec une *Compagnie d'assurances* un contrat par lequel, sous les conditions qui y sont stipulées, on s'engage à lui payer annuellement une somme fixe (*dans les Compagnies à primes*) ou une somme variable (*dans les Compagnies mutuelles*), à l'effet d'être indemnisé, en cas d'incendie, de la valeur de l'objet ou des objets assurés que le feu aurait détruits ;

Que la réunion des *primes* payées par les assurés, et qui ne leur imposent qu'une dépense modique et insensible, forme à la longue un capital important qui permet de rembourser aux assurés le montant des dommages matériels que leur causerait un incendie ;

Que chaque assuré peut regarder ce capital, auquel il a contribué pour sa part, comme la garantie de ce qu'il a fait assurer ;

Qu'il peut se dire : Si je ne suis pas incendié, l'argent que j'ai payé servira à indemniser un assuré moins heureux que moi ; comme aussi l'argent versé par les autres assurés me profitera, si ma maison, ou mon mobilier, ou mes marchandises viennent à brûler.

Nous venons d'expliquer *ce que c'est qu'une assurance contre l'incendie.*

Nous allons maintenant tracer le tableau des bienfaits qui se rattachent à l'institution des assurances : notre tâche sera facile.

CHAPITRE II.

AVANTAGES QUI RÉSULTENT DES ASSURANCES.

Si notre intention n'était pas de nous occuper spécialement des *assurances contre l'incendie*, nous pourrions énumérer les services immenses que rendent les *Compagnies d'assurances*, quelle que soit la nature des objets qu'elles assurent, quels que soient les dommages qu'elles aient à réparer, lorsque ces *Compagnies* sont solidement établies.

Bornons-nous à indiquer ici, par exemple, les avantages des *assurances maritimes*.

Autrefois, un armateur, quelle que fût la prospérité de ses affaires et malgré la prudence qu'il pouvait apporter dans ses opérations, était-il à l'abri de la ruine? La mer ne lui rendait pas toujours les vaisseaux qu'il lui confiait, et qui portaient souvent toute sa fortune. Riche la veille encore, ne pouvait-il pas apprendre le lendemain la perte d'un ou de plusieurs de ses navires?

Comparons maintenant cette position de l'armateur, toujours précaire, toujours menacée, avec la position que lui ont faite les *assurances* contre les risques de mer. Aujourd'hui, au moyen de la prime qu'il acquitte, il sait que, si ses marchandises viennent à périr, il a droit à une indemnité dont la prime qu'il paie est devenue la base. Les *assureurs* qui se sont liés envers lui ont pris à leur charge les pertes qui le frapperaient.

Pour l'armateur assuré, aussi bien que pour sa famille, une sécurité complète a remplacé le doute et l'incertitude. Les chances de cette industrie ont été pesées, calculées, tarifées; un armateur sait à présent ce que lui coûtent, chaque année, la tranquillité d'esprit et les garanties qui lui sont acquises. En résumé, le commerce de l'armateur, qui était autrefois si chanceux, est aujourd'hui le plus sûr et le plus régulier.

Nous n'hésitons pas à regarder comme éminemment bienfaisantes, les institutions d'*assurances* qui ont amené de semblables résultats; nous retrouvons ces résultats aussi frappants, mais se multipliant à l'infini, lorsqu'il s'agit des *assurances contre l'incendie*.

Certes, de tous les fléaux qui peuvent atteindre nos biens, il n'en est pas de plus imprévu; il n'en est pas qui se produise plus subitement que l'incendie; il n'en est pas dont la marche soit plus rapide, dont les ravages soient plus désastreux.

Aussi le système des *assurances contre l'incendie* a-t-il eu d'abord pour but principal de protéger contre les ravages du feu nos propriétés mobilières et immobilières.

Jetons un regard sur le passé. Reportez-vous, par exemple, à l'année 1823, et suivez-nous dans la vallée de Rouen, où s'élevait alors une des plus belles manufactures de cette contrée industrielle; pénétrons dans ces vastes ateliers où d'ingénieuses machines sont mises en œuvre; où règnent le travail et l'activité. N'admirez-vous pas avec nous cette population d'ouvriers heureux et satisfaits? Le sentiment de fierté que ces contre-maîtres éprouvent à faire faire un progrès nouveau au développement de notre industrie, ne se peint-il pas sur leurs visages intelligents? Ici, nous trouvons les matières premières, qui, tordues et broyées sous la dent des machines, subiront encore de nombreuses transformations avant d'être converties en tissus. Là, d'immenses magasins renferment les produits manufacturés qui s'échangeront sur les marchés de la France et de l'Étranger, au delà des mers peut-être, contre de l'argent destiné à donner à la fabrication un nouvel aliment, du travail à ces ouvriers, à ces femmes, à ces enfants, à ces familles entières.

Nous nous rappelons encore combien les mille détails de cette riche et vaste manufacture frappèrent notre esprit. Eh bien ! pendant une nuit de décembre de cette année 1823, un effroyable incendie dévora les bâtiments, les machines, les marchandises, la modeste habitation du manufacturier et de sa famille.

C'était à l'époque où les *assurances contre l'incendie* commençaient à pénétrer dans la Normandie, où depuis elles se sont généralement répandues.

Le chef de ces établissements incendiés n'avait pas suivi les premiers exemples qui lui furent donnés ; il avait prétendu que trop de précautions étaient prises dans ses ateliers ; que l'on exerçait partout une surveillance trop active pour que le feu fût à craindre ; il s'était retranché derrière cette phrase banale, que l'on répète encore si souvent aujourd'hui pour ne pas s'assurer : « Bah ! est-ce que le feu prendra jamais ici ! » Il avait repoussé les conseils de ses amis, plus prévoyants que lui. Dans l'espace de quelques heures, il fut ruiné ; et, dans sa ruine, il entraîna sa famille, ses créanciers, ses ouvriers, qu'il regardait comme ses enfants !

Si ce manufacturier eût été assuré, la *Compagnie d'assurances* l'eût indemnisé de toutes ses pertes matérielles ; il aurait pu alors reconstruire ses bâtiments, racheter des matières premières, fabriquer de nouveau. Il eût ainsi conservé sa fortune et sa position ; il venait de perdre l'une et l'autre sans retour !

Nous venons de rappeler un souvenir que les années ont vieilli ; mais le présent nous épargne-t-il de semblables catastrophes ? Nous sommes plus prévoyants sans doute en France qu'il y a quarante ans : et cependant les journaux, en donnant chaque jour le récit d'incendies considérables, ne disent-ils pas souvent : *Tout a été détruit !* N'ajoutent-ils pas quelquefois : *Rien n'était assuré !* C'est-à-dire que la perte est devenue complète, irréparable pour celui qui l'a subie et qui a dédaigné peut-être, tout en les connaissant, les avantages que les *Compagnies d'assurances* pouvaient lui offrir.

Si les *Compagnies d'assurances* contre l'incendie n'existaient pas ; si elles ne faisaient pas chaque jour de nouvelles conquêtes ;

Combien de familles seraient ruinées par les incendies !

Combien d'hommes honorables seraient forcés de manquer à leurs engagements !

Combien de fabricants seraient contraints de suspendre leurs travaux, de fermer leurs ateliers, au grand détriment de leurs ouvriers, et cela parce que les flammes auraient dévoré ce qu'ils possédaient et qu'ils n'auraient plus alors de ressources devant eux !

Si ces *Compagnies d'assurances* n'existaient pas,

Que d'établissements incendiés ne se relèveraient pas de leurs ruines !

Que d'intérêts publics seraient froissés !

Que d'intérêts privés seraient compromis et souvent frappés de mort !

Enfin, si ces *Compagnies d'assurances* n'existaient pas,

Le crédit manquerait d'un levier puissant, car les *assurances* favorisent les emprunts sur les immeubles.

L'usufruitier, qui a un intérêt dans la propriété, puisqu'il jouit des revenus de cette propriété ; — le créancier hypothécaire, qui a un intérêt direct à la conservation de son gage, et qui peuvent l'un et l'autre faire assurer l'objet sur lequel repose l'usufruit ou l'hypothèque, seraient privés d'une garantie importante.

Les *Assurances contre l'incendie* méritent

donc, au plus haut degré, l'attention des propriétaires, — des cultivateurs, — des fabricants, — des manufacturiers, — des négociants, — des marchands, — de tous ceux qui ont intérêt à conserver la valeur d'une chose quelconque que l'incendie peut détruire.

Si vous êtes propriétaire, faites-vous assurer ; car votre propriété représente peut-être toute la fortune de votre famille, la dot de votre femme, l'argent que vous destinez à l'établissement de vos enfants.

Si vous êtes agriculteur, faites assurer les fruits de la terre que vous avez récoltés, afin que si le feu vient à dévorer vos meules ou vos granges, vous retrouviez la valeur de ce qui aura été brûlé.

Si vous êtes fabricant, manufacturier, marchand, faites assurer vos usines, vos fabriques, vos ateliers, les machines et les métiers qui y fonctionnent, les matières premières et les marchandises qui s'y trouvent.

A ces conseils ajoutons ceux-ci :

Faites assurer votre mobilier.

Si vous êtes locataire, faites-vous assurer contre le *recours* que le *propriétaire* de la maison ou du bâtiment que vous occupez et que votre *voisin* ou vos co-locataires peuvent exercer contre vous, en cas d'incendie.

Si vous êtes propriétaire, faites-vous assurer contre le *recours du voisin* et contre le *recours du locataire* en cas d'incendie provenant d'un vice de construction.

Nous expliquerons, aux Chapitres quatrième et cinquième, la nécessité de s'assurer contre ces *recours* que nous ne faisons qu'indiquer ici.

Surtout n'allez pas dire avec les gens imprudents : « Est-ce que le feu prendra jamais ici ! Qu'ai-je besoin de me faire assurer ! »

Rappelez-vous que le feu éclate là où on se croyait à l'abri de ses ravages ; là où les précautions les plus minutieuses étaient prises.

D'ailleurs, on ne vous demande chaque année (et c'est là une observation sur laquelle nous ne saurions trop insister) qu'une somme minime, si vous la comparez à l'indemnité qui vous serait payée.

C'est là une dépense utile, indispensable, de première nécessité.

Les assurances sont la réalisation de cette maxime : *La prudence est la mère de la sûreté*.

Quand vous serez assuré, si vous avez encore à craindre l'incendie, au moins vous n'aurez pas à redouter ses fatales conséquences.

CHAPITRE III.

CE QUE LES COMPAGNIES D'ASSURANCES REMBOURSENT AUX INCENDIÉS.

Les Compagnies d'assurances ne doivent d'indemnités aux assurés qui sont incendiés que pour les *pertes matérielles*.

Il ne serait pas moral, en effet, qu'un incendie pût être une cause de bénéfices pour celui qui en serait la victime.

Et celui dont la maison, par exemple, brûlerait en partie, ferait un véritable gain, si on lui remboursait le montant de la somme totale pour laquelle il a fait assurer sa maison. Cela ne peut être.

Des gens de mauvaise foi s'incendieraient eux-mêmes pour réaliser un bénéfice.

Or, vous n'avez pas le droit de mettre le feu à votre maison, fût-elle même votre propriété ; soit parce qu'alors vous menacez d'un danger les maisons voisines ; soit, en supposant même que la vôtre fût isolée, parce qu'on ne peut attribuer une telle action qu'à une intention de mal faire.

Le remboursement que la *Compagnie d'assurances* fait à son assuré doit s'expliquer ainsi :

Nous supposons que votre maison vaille 40,000 fr. et que vous l'ayez fait assurer pour cette somme ; l'incendie détruit une partie de cette maison.

La Compagnie, soit en reconstruisant elle-même, soit en vous payant une somme d'argent, vous rend ce que vous avez perdu ; elle vous met à même de vous replacer dans la position où vous étiez avant l'incendie. C'est vous dire assez que, si la partie incendiée de votre habitation était vieille, vous ne serez pas indemnisé comme s'il s'agissait d'un bâtiment neuf ; — que si les murs étaient en moellons ou en briques, on vous remboursera la reconstruction en *semblables matières*, et non pas en pierres de taille, par exemple, de la partie du mur que le feu aura mise hors de service.

En un mot, vous n'aurez rien perdu *matéoiellement*.

Ce qu'il s'agit de constater après l'incendie, c'est la perte que vous avez faite. Du moment où vous êtes indemnisé de cette perte, vous recueillez le fruit de votre prévoyance, et la Compagnie qui vous avait assuré a rempli oyalement ses engagements envers vous.

Maintenant, ne croyez pas que, dans l'appréciation du dommage que vous avez souffert, la Compagnie qui vous assure soit juge et partie. Si le dommage n'est pas apprécié de gré à gré entre vous, *assuré*, et la Compagnie qui vous *assure*, il est évalué par des experts qui, choisis par les parties, se livrent à une enquête contradictoire, et qui s'adjoignent, s'ils ne sont pas d'accord, un troisième expert pour les départager.

La somme à laquelle le dommage est fixé, soit à l'amiable, soit par les experts, est payée *comptant* par les *Compagnies à primes*, parce qu'elles ont en caisse des primes payées d'avance par les assurés et, en outre, un capital.

Nous devons expliquer ici ce que signifient ces expressions dont nous nous sommes servi plusieurs fois : *les Compagnies d'assurances ne remboursent que les pertes matérielles.*

Les incendies entraînent, outre les pertes matérielles, des pertes non matérielles. Ce sont celles-là pour lesquelles les Compagnies n'accordent aucune indemnité.

Ainsi, la façade de votre maison vient à brûler ; on vous force, pour cause d'alignement, à reculer votre maison ; évidemment vous éprouvez une perte dont les Compagnies d'assurances n'indemnisent pas.

Si, après l'incendie total ou partiel d'une fabrique, les travaux sont suspendus et qu'il y ait ce qu'on appelle *chômage*, vous n'avez droit pour ce dommage à aucune indemnité. — Egalement, si vous ne trouvez pas à louer les lieux qui ont été incendiés, vous perdrez, il est vrai, vos loyers ; mais la Compagnie qui vous a remboursé vos pertes matérielles n'a pas à vous tenir compte de ces locations vacantes.

Nous croyons, en outre, qu'il est nécessaire d'entrer dans quelques détails au sujet d'une condition essentielle qui est mentionnée dans les *polices* d'assurances, et qui, pour être comprise, a besoin d'être expliquée.

On dit, en général, dans ces polices :

« S'il résulte de l'évaluation faite après l'incendie que la valeur des objets assurés était inférieure à la somme assurée, l'assuré n'a droit qu'au remboursement de la perte réelle et assurée.

« Si, au contraire, il est reconnu que la valeur des objets couverts par la police excédait, au moment de l'incendie, la somme assurée, l'assuré est son propre *assureur* pour cet excédant et prend part au dommage. »

Citons quelques exemples :

Supposons qu'un marchand de toiles ait fait assurer dans son magasin 20,000 fr. de marchandises. Le feu éclate dans sa maison; toutes ses toiles brûlent; il vient réclamer 20,000 fr. S'il est bien prouvé, par ses déclarations ou par ses livres de commerce, ou par tout autre moyen employé pour découvrir la vérité, que, au moment de l'incendie, il avait dans ses magasins 20,000 fr. de toiles, on lui rembourse la valeur que ses toiles avaient au jour de l'incendie; on lui rend l'argent avec lequel il peut remettre dans ses magasins la même quantité de toiles.

Mais si on lui démontre que ses marchandises, qu'il avait assurées pour 20,000 fr., n'en valaient réellement que 15,000, on ne lui rembourse que cette somme. En effet, il n'a perdu que cela. Si on lui remboursait 20,000 f., l'incendie lui donnerait un bénéfice.

Nous avons dit que cela ne peut ni ne doit être.

Supposons qu'un autre marchand ait fait assurer 20,000 fr. de cotons. Un incendie se déclare; le dommage est évalué à 10,000 fr., que le marchand réclame. Mais on lui prouve que, au moment de l'incendie, il avait dans ses magasins pour 40,000 fr. de cotons, c'est-à-dire pour une somme double de la somme assurée. Dans ce cas, on ne lui remboursera que la *moitié* de ce qu'il a perdu, que 5,000 fr. sur 10,000 fr., parce qu'il n'a payé sa prime d'assurance que sur la *moitié* de ce qu'il possédait. Il est donc juste qu'il reste son propre assureur pour l'excédant du dommage. — Cela s'appelle, en matière d'assurance, faire à un assuré l'application de la *règle proportionnelle*.

Sans cette condition, la Compagnie pourrait toujours dire à l'assuré : « Les marchandises brûlées sont celles qu'il vous a convenu de ne pas faire assurer, et les marchandises qui ont échappé au désastre sont celles dont j'ai entendu vous garantir la valeur. » — L'assuré pourrait faire, de son côté, le raisonnement contraire.

Un marchand de meubles fait assurer ses marchandises jusqu'à concurrence de 25,000 francs ; elles brûlent ; mais au moment de l'incendie, les magasins contenaient des meubles pour une valeur de 50.000 fr. Le marchand n'a droit qu'aux 25.000 fr. assurés, précisément parce que rien n'a été sauvé. Dans ce cas, il se trouve évidemment son propre assureur pour les 25,000 fr. qu'il n'a pas fait assurer et qu'il a perdus.

Ces derniers exemples suffiront peut-être pour faire comprendre que celui qui ne déclare qu'une partie de ses marchandises est toujours dans une position moins favorable que celui qui les fait assurer en totalité.

Quant aux assurés qui croiraient qu'il peut être avantageux pour eux, en cas d'incendie, d'avoir donné à leurs maisons, marchandises ou mobiliers, une valeur supérieure à celle qu'ils ont réellement, leur erreur serait grande, et nous devons les détromper.

Ces assurés payeraient sans profit pour eux des primes plus élevées ; car l'assurance ne pouvant être pour l'assuré une cause de bénéfice, ils ne seraient remboursés que des pertes qu'ils auraient éprouvées en réalité par suite d'un incendie, sans que la valeur exagérée qu'ils auraient attribuée aux objets assurés pût être prise pour base de l'indemnité qui leur serait due.

Les polices d'assurances doivent, comme toutes les conventions, être exécutées de bonne foi. Pour que cette exécution soit toujours plus facile et plus complète, nous engageons les personnes qui se font assurer à bien se faire expliquer ce à quoi les Compagnies s'engagent et ce à quoi elles s'engagent elles-mêmes. Il faut, en un mot, qu'elles connaissent leurs *devoirs* aussi bien que leurs *droits*.

CHAPITRE IV.

CE QUE C'EST QUE S'ASSURER CONTRE LE RECOURS DU PROPRIÉTAIRE ET CONTRE LE RECOURS DU VOISIN.

Si nous sommes locataires, et que le feu prenne dans les lieux que nous louons, nous sommes responsables vis-à-vis du propriétaire des dégâts que nous causons aux maisons, magasins et appartements qu'il nous a loués.

Le Code Napoléon dit, en effet, au titre du *Contrat de louage :*

« Art. 1733. Le locataire répond de l'incendie, à moins qu'il ne prouve que l'incendie est arrivé par cas fortuit, par force majeure ou par vice de construction, ou que le feu y a été communiqué par la maison voisine.

« Art. 1734. S'il y a plusieurs locataires, tous sont solidairement responsables de l'incendie, à moins qu'ils ne prouvent que l'incendie a commencé dans l'habitation de l'un d'eux, auquel cas celui-là seul en est tenu ;

« Ou que quelques-uns ne prouvent que l'incendie n'a pu commencer chez eux, auquel cas ceux-là n'en sont pas tenus. »

On peut donc, comme locataire, avoir fait assurer son mobilier ou ses marchandises, et faire encore, en cas d'incendie, une perte considérable par suite des indemnités que le propriétaire réclame pour les objets qui lui appartiennent et que le feu a pu détruire ou endommager.

C'est là ce qu'on appelle le *recours du propriétaire*. Eh bien, on peut s'assurer contre cette chance. L'assurance est alors basée sur le prix de location.

Si vous avez un loyer de 500 fr., par exemple, et que vous consentiez à payer votre prime d'assurance sur *quinze fois la valeur de votre loyer*, ainsi, sur 7,500 fr. (c'est ainsi que se calcule en général la base de cette assurance), la Compagnie répondra, jusqu'à concurrence de cette somme, du dommage que causerait à votre propriétaire un incendie qui se serait manifesté dans les lieux que vous avez loués *et dont il viendrait vous demander le remboursement.*

La prudence conseille donc qu'on se fasse garantir contre cette responsabilité.

Mais ce n'est pas tout encore.

Vous avez à craindre aussi que le voisin n'exerce un recours contre vous, si le feu, éclatant dans votre maison ou habitation, lui occasionne un dommage par la communication de l'incendie.

Car le Code dit :

« Art. 1382. Tout fait quelconque de l'homme qui cause à autrui un dommage, oblige celui par la faute de qui il est arrivé à le réparer.

« Art. 1383. Chacun est responsable du dommage qu'il a causé, non-seulement par son fait, mais encore par sa négligence et par son imprudence. »

Ce principe, fondé sur l'équité, n'a besoin d'aucun commentaire.

Les Compagnies d'assurances garantissent également, toujours au moyen d'une prime modique, les effets de ce recours.

L'assuré calcule que si le feu éclate chez lui, il peut causer à son voisin un dommage montant à une somme de..... C'est sur cette somme que la prime est payée et, jusqu'à concurrence d'une somme pareille, la Compagnie indemniserait le voisin des pertes qu'il aurait éprouvées par la communication du feu, *et dont il serait en droit de demander le remboursement à l'assuré.*

Ainsi, les *locataires* doivent se faire assurer tout à la fois contre le recours du *propriétaire* et contre le recours du *voisin*.

Les *propriétaires* doivent, eux, se faire assurer contre le recours du *voisin*.

L'exemple suivant prouvera combien il est nécessaire de ne pas négliger ces deux assurances :

Un négociant avait fait assurer son mobilier et ses marchandises pour une somme de 30,000 fr. Un défaut de surveillance occasionna chez lui un effroyable incendie. La Compagnie qui l'avait assuré eut bientôt reconnu les droits qu'il avait à être indemnisé. Elle se disposait à rembourser l'évaluation du dommage, lorsque le *propriétaire* et le *voisin* vinrent mettre opposition sur cet argent.

Le *propriétaire* demandait une somme assez considérable par suite des dégâts causés à sa maison.

Le *voisin* qui avait souffert de l'incendie, soutenait qu'il provenait de la faute de l'incendié ; il justifiait ses allégations, et, réclamant aussi une indemnité, il s'opposait à ce que le négociant incendié fût remboursé par la *Compagnie d'assurances*.

Le *propriétaire* et le *voisin* firent régler leurs prétentions, et ils absorbèrent en grande partie l'indemnité que la Compagnie aurait payée à ce négociant.

CHAPITRE V.

DU RECOURS DU LOCATAIRE CONTRE LE PROPRIÉTAIRE EN CAS D'INCENDIE PROVENANT D'UN VICE DE CONSTRUCTION.

Nous avons démontré, dans les Chapitres précédents, que le propriétaire qui fait assurer sa maison contre l'incendie répond au conseil de la prudence et qu'il doit, pour ne pas être prudent à demi, se faire assurer contre le recours du voisin.

Mais ce propriétaire, quoique ainsi doublement assuré, est encore exposé à un risque que nous voulons indiquer ici, dans le cas où sa maison est occupée par des locataires.

Si un incendie éclate dans sa maison et s'il est prouvé que le feu a eu pour cause un vice de construction dans l'établissement des foyers, dans la disposition des cheminées, etc., il est forcé de rembourser aux locataires les pertes que ceux-ci auraient éprouvées par suite de cet incendie.

L'article 1721 du Code Napoléon dit en effet :

« Il est dû garantie au preneur pour tous les vices ou défauts de la chose louée qui en empêchent l'usage, quand même le bailleur ne les aurait pas connus lors du bail.

« S'il résulte de ces vices ou défauts quelque perte pour le preneur, le bailleur est tenu de l'indemniser. »

Ainsi, d'après cet article, le propriétaire doit indemniser le locataire des dommages que lui auraient causés un incendie provenant d'un vice de construction, même caché et ignoré. C'est là une responsabilité des plus onéreuses, et les propriétaires en comprendront facilement toute l'étendue, s'ils veulent bien réfléchir à l'importance des valeurs qui, sous forme de matières premières, de marchandises, d'ameublements, d'effets mobiliers. etc., peuvent se trouver réunis dans leur maison, entre les mains de leurs locataires. Ils comprendront aussi, par là même, l'intérêt qu'ils ont à se garantir contre cette responsabilité.

Or, il a été jugé par les tribunaux (voir, notamment, Trib. civil de la Seine, 14 février, 1855; Trib. civil de Lyon, 3 juillet, 1856; Cour de Lyon, 26 février, 1857, etc.) que cette responsabilité spéciale n'est pas couverte par l'assurance du recours du voisin et qu'elle constitue un risque à part, qui doit être garanti par une assurance particulière.

En conséquence, les Compagnies d'assurances, moyennant une prime modique, assurent depuis quelque temps les propriétaires contre le risque distinct que nous venons de signaler, et cela sans même qu'il soit nécessaire qu'elles assurent en même temps l'immeuble. Elles ont établi, pour ce risque particulier, une garantie séparée, indépendante, et qu'il est loisible au propriétaire de réclamer isolément.

Un propriétaire calcule qu'en cas d'incendie provenant d'un vice de construction, il est exposé à rembourser une somme de ...... à ses locataires; et, par le paiement d'une prime annuelle, il se fait assurer contre cette éventualité.

Les incendies causés par les vices de construction sont plus fréquents qu'on ne paraît le croire. Sait-on, d'ailleurs, en achetant une maison, souvent anciennement bâtie, si elle ne recèle pas quelques vices intérieurs de nature à faire naître un incendie ou à en favoriser le développement?

Malgré d'incontestables progrès dans l'art de bâtir, les maisons modernes ne sont pas exemptes de ces vices de construction qu'elles offrent même très-fréquemment, et leur cause peut en être attribuée à la nécessité de multiplier les moyens de chauffage sur des espaces souvent fort restreints.

Le propriétaire qui fait construire lui-même aura bien, il est vrai, la garantie de l'architecte ou de l'entrepreneur; mais, outre que l'insolvabilité de ces derniers peut rendre cette garantie illusoire, sa durée est limitée à un très-petit nombre d'années, tandis que la responsabilité du propriétaire vis-à-vis de ses locataires, en vertu de l'article 1721 du Code Napoléon, dure toujours. Il y a d'ailleurs, à l'encontre des architectes et des entrepreneurs, toutes les chances et tous les ennuis d'un procès à soutenir. Une assurance directe contre les conséquences du vice de construction, en cas d'incendie, peut seule offrir au propriétaire une pleine et parfaite sécurité.

En résumé, nous appelons donc toute l'attention des propriétaires sur le recours que, dans les circonstances que nous venons de déterminer, les locataires peuvent exercer contre eux, et sur les avantages d'une assurance spéciale contre ce même recours.

CHAPITRE VI.

DES DIVERS SYSTÈMES D'ASSURANCES.

Aujourd'hui que les *Compagnies en commandite* d'assurances ont succombé sous le poids de leur organisation vicieuse, deux systèmes d'assurances restent seuls en présence : l'assurance à *prime fixe* et l'assurance *mutuelle*. Quel est celui qui présente les garanties les plus désirables pour les assurés?

Avant de répondre à cette question, nous croyons devoir présenter quelques renseignements statistiques sur les *Compagnies à primes fixes* et les *Compagnies mutuelles*.

I.

Compagnies anonymes à primes fixes.

D'après le tableau ci-après où les principales Compagnies sont rangées par ordre d'ancienneté, il résulte qu'à la fin de 1871, elles avaient assuré des valeurs immobilières et mobilières s'élevant à plus de SOIXANTE-CINQ MILLIARDS et qu'elles avaient remboursé depuis leur origine en sinistres plus de CINQ CENT MILLIONS.

NOMS des Compagnies.	MONTANT NET des sommes assurées.	SINISTRES remboursés depuis l'origine.
Générale....	11,400,000,000	111,000,000
Phénix.......	8,436,000,000	122,995,000
Nationale...	7,600,000,000	92,000,000
Union........	5,700,000,000	40,854,000
Soleil.......	6,730,886,000	54,160,000
France.......	5,250,000,000	41,350,000
Urbaine......	4,455,911,000	23,000,000
Providence.	3,537,422,000	14,623,000
Aigle........	3,365,000,000	13,000,000
Confiance...	1,975,391,000	4,850,000
Paternelle.	3,479,400,000	18,265,000
Nord.........	800,000,000	3,837,000

Les garanties que ces Compagnies offrent aux assurés par les capitaux importants qu'elles possèdent et qui résultent soit de leur fonds social, soit de réserves sagement accumulées, viennent s'accroître encore de la masse des primes qu'elles encaissent annuellement.

II.
Sociétés d'Assurances mutuelles.

Depuis l'année 1816 jusqu'à ce jour (ma 1858), le Gouvernement a autorisé successivement et séparément quatre-vingt-trois Sociétés d'assurances *mutuelles* contre l'incendie (1).

Sur ces *quatre-vingt-trois* Sociétés, *vingt-deux* d'entre elles, c'est-à-dire plus du *quart*, ont cessé d'exister, savoir :

Les Associations *immobilières* : de la Seine et de Seine-et-Oise (Paris excepté), dite P. A. C. I., fondée en 1819, dissoute en 1835; — de Lille, fondée en 1819, dissoute en 1828; — de Bordeaux fondée en 1819, depuis dissoute; — de Châlons-sur-Marne, fondée en 1820, dissoute en 1845; — de Rouen, fondée en 1820, depuis dissoute; — de Saint-Quentin, fondée en 1820, dissoute en 1831; — de Blois, fondée en 1821, dissoute en 1838; — d'Amiens, fondée en 1821, dissoute en 1832; de Nancy fondée en 1821, dissoute en 1832; — d'Arras, fondée en 1823, dissoute en 1848; — de Mende, fondée en 1824, dissoute en 1838; — de Bourg, fondée en 1824, dissoute en 1838; — de Dijon, fondée en 1824, dissoute en 1848;

(1) Sociétés immobilières; Sociétés mobilières; Sociétés concernant l'assurance des risques locaux et de voisins.

— de Nevers, fondée en 1825, dissoute en 1851 ; — de Lille, fondée en 1828, dissoute en 1852 ; — l'Armoricaine (de Rennes), fondée en 1837, depuis dissoute ; — de Rennes, fondée en 1838, depuis dissoute ; — le Nord (de Lille), fondée en 1839, dissoute en 1840 (soit dix-huit associations *immobilières*) ; — — et les quatre associations *mobilières* ; — de Dijon, fondée en 1840, dissoute en 1847, — de Nevers, fondée en 1846, dissoute en 1850 ; — le Nord (de Lille), fondée en 1839, dissoute en 1840 ; — de Lille, fondée en 1841, dissoute en 1845 ; en tout, vingt-deux Sociétés qui exploitaient à elles seules plus de soixante départements.

—

Les douze Compagnies *à primes fixes*, qui figurent dans le tableau précédent, garantissent ensemble plus de vingt-neuf milliards, c'est-à-dire une somme plus que double de celle qui est garantie par *toutes les Sociétés mutuelles* existantes aujourd'hui et qui ne dépasse pas douze milliards. Ce fait seul infirme le crédit de la mutualité.

« C'est qu'une *assurance*, ainsi qu'on l'a dit avec une parfaite raison, et comme le mot l'indique, doit être une *certitude* ; et qu'un mutualiste est, au contraire, à la merci d'une double incertitude : comme *assureur*, de payer plus qu'il ne croit, comme *assuré*, de recevoir moins qu'on ne lui doit. Débiteur, il est obligé de s'acquitter sans délai; *créancier, on peut le forcer d'attendre.* Désarmé dans les deux cas, il n'a fait, en réalité, que renverser à son préjudice les termes du contrat: il a livré les droits de l'assuré pour ne garder que les charges de l'assureur. La garantie réciproque qu'il contracte à ce double titre se dénature et s'affaiblit par cet échange même; et, en définitive, de toutes les chances *possibles*, les seules qui soient *certaines* sont contre lui. »

La comparaison que nous allons établir dans le Chapitre suivant confirmera ce jugement.

CHAPITRE VII.

COMPARAISON ENTRE LES ASSURANCES A PRIME FIXES ET LES ASSURANCES MUTUELLES.

Nous nous proposons de démontrer dans ce Chapitre l'exactitude des trois propositions suivantes, à savoir:

1° Que le prix de l'assurance dans une *Société mutuelle* peut être, et est très-souvent, en effet, beaucoup plus élevé que le prix à payer, pour la même assurance, à une *Compagnie à primes fixes;*

2° Que les *Sociétés mutuelles* n'accordent, en général, que des indemnités qui sont loin de répondre aux pertes éprouvées par l'assuré, tandis que les *Compagnies à primes fixes* indemnisent complétement l'incendié;

3° Que les *Sociétés mutuelles*, enfin, ne paient que tardivement les indemnités dues à leurs sociétaires, indemnités que les *Compagnies à primes fixes* remboursent immédiatement.

I.

De la prétendue économie offerte par les Assurances mutuelles.

Dans les *Compagnies à primes fixes*, les incendiés sont indemnisés sur la masse des primes payées d'avance par chacun d'eux; et dans le cas où ces indemnités dépasseraient le produit des primes reçues, les Compagnies ont un capital social qui servirait à faire face à ces éventualités.

Dans les *Compagnies mutuelles*, il n'y a ni primes payées d'avance, ni fonds social. Chaque année, les sociétaires sont appelés à contribuer en raison de l'importance des dommages que les incendies ont causés. C'est cette contribution qui sert à payer les indemnités, dans une proportion plus ou moins forte, ainsi que nous l'indiquerons plus tard. Elle est entièrement distincte d'une *cotisation annuelle* à la charge des sociétaires, et qui est destinée à faire face aux frais d'administration, et surtout à constituer les bénéfices du directeur de la *Compagnie mutuelle*.

On voit déjà que, dans les *Compagnies mutuelles*, le sociétaire est tout à la fois, position dangereuse s'il en fut, *assureur et assuré*, et qu'il peut payer plus ou moins ; tandis que, dans les *Compagnies à primes fixes*, l'assuré paie une somme déterminée par des tarifs, somme invariable pendant la durée de l'assurance, et stipule seulement pour son propre compte, sans s'exposer à aucune perte.

Nous venons de dire que, dans le *système mutuel*, la dépense à supporter annuellement par les sociétaires assurés, est en raison de l'importance des pertes éprouvées par la communauté. Or, si nous prouvons que les sociétaires peuvent être amenés, pour réparer ces pertes, à payer, à titre de contribution, des sommes supérieures aux primes qu'une *Compagnie à primes fixes* eût demandées, il faudra bien conclure de cette preuve que le *système mutuel* est souvent plus onéreux que le *système à prime*, et que l'économie qui distingue la *Mutualité* aux yeux de ses partisans ressemble fort au bon marché qui ruine !

C'est ainsi que des *Sociétés mutuelles*, après n'avoir coûté aux sociétaires que 30 à 40 c. par 1,000 fr., ont ensuite demandé 90 c., comme celle de Chartres (de 1849) pour des maisons de première classe, c'est-à-dire pour les maisons qui paraissent être le plus à l'abri de l'incendie ; 1 fr. 44 c., comme celle de Melun (1819) ; 1 fr. 20 c., jusqu'à 5 fr. 95 c., comme celle du département de l'Aisne.

On nous répondra, nous le savons, que certaines *Sociétés mutuelles* sont dans un état prospère ; qu'elles ont traversé jusqu'ici des années heureuses, pendant lesquelles les sociétaires assurés n'ont eu à supporter que des contributions peu élevées ; d'accord. Mais néanmoins l'expérience nous permet de dire que ces mêmes *Sociétés* peuvent être, à leur tour, frappées par des sinistres multipliés ; que leur prospérité passée n'est pas un gage de leur prospérité future ; qu'elles peuvent devenir en très-peu de temps, par le fait d'une seule catastrophe, très-onéreuses pour les assurés.

L'incendie du 30 mars 1851, qui a détruit en quelques heures, à Lyon, le vaste hôtel de la Recette générale, est venu confirmer cette opinion.

La Société mutuelle de Lyon semblait placée dans les meilleures conditions : n'opérant que dans la ville et dans ses faubourgs ; n'étendant sa garantie qu'aux *immeubles* ; favorisée, pendant plusieurs années, par les plus heureux hasards ; en possession d'une masse d'assurances de 80 millions environ, dont les 13/20es reposaient sur des risques de première classe, elle paraissait en outre devoir trouver une sécurité à peu près complète dans la solidité hors ligne des maisons de la ville de Lyon. Que lui est-il arrivé, cependant? L'incendie du 30 mars 1851, l'incendie de *l'immeuble* le mieux construit de cette cité, lui a imposé une perte de 140,000 fr. Elle a dû faire un appel extraordinaire de QUATRE FRANCS *cinquante centimes* par MILLE fr. Ainsi, des propriétaires qui auraient fait assurer leurs maisons par des Compagnies à primes, moyennant une prime fixe et annuelle de 30 cent. par 1,000 francs, ont dû payer, *en une seule année*, à la MUTUALITÉ de Lyon, une somme supérieure au montant des primes qu'ils auraient eu à acquitter pendant *quinze années* dans l'autre système d'assurances. Dans l'avenir, un semblable sinistre, tout improbable qu'il soit, ne peut-il pas se reproduire, et faire peser sur les propriétaires assurés par la Société mutuelle de Lyon, de nouveaux et rigoureux sacrifices?

Rappelons-nous encore l'incendie de Hambourg (mai 1842).

Tandis que les *Sociétés mutuelles* de cette ville et les *Sociétés mutuelles* étrangères étaient dans l'impossibilité de rembourser aux sociétaires les sinistres dont ils étaient victimes; tandis que les *Compagnies locales* à primes (1), payant jusqu'à concurrence de leurs ressources, étaient contraintes de cesser leurs opérations; les Compagnies *étran-*

(1) V. ch. IX. *Des Compagnies locales d'assurances.*

gères à primes qui assuraient dans Hambourg ont seules répondu à la prévoyance de leurs assurés ; et cela parce que ces Compagnies, comme les *Compagnies anonymes à primes fixes* et à grande circonscription qui assurent en France, se sont fondées et vivent au milieu de conditions qui toutes ajoutent à leur force, aux garanties qu'elles présentent au public ; qui toutes leur permettent de lutter contre de grandes catastrophes.

II.

Insuffisance des indemnités accordées par les Sociétés mutuelles.

Que doit rechercher un assuré avant tout ; avant même une économie fictive dans le prix de l'assurance ? C'est la certitude que la Compagnie qui l'assure l'indemnisera COMPLÈTEMENT des dommages qu'il aura soufferts par suite d'un incendie. Or, les *Sociétés mutuelles* sont loin d'offrir à leurs intéressés cette sécurité.

La position des assurés dans les *Compagnies mutuelles* varie selon le mode de répartition.

Dans la plupart des *Sociétés mutuelles*, les statuts ont fixé le *maximum* que pourrait atteindre la contribution annuelle applicable aux sinistres ; c'est-à-dire que ces *Sociétés* n'indemnisent les incendiés, quelles que soient les pertes dont ils peuvent être frappés, que jusqu'à concurrence des sommes que peut produire cette contribution élevée à son *maximum*.

On peut bien dire aux Sociétaires, nous le comprenons : « Vous ne devrez rien à vos co-sociétaires incendiés, du moment où vous aurez payé 1 fr., par exemple, ou toute autre somme par chaque 1,000 fr. que vous faites assurer; » mais si le montant des sinistres dépasse le montant des contributions exigibles, les incendiés ne reçoivent qu'une partie de l'indemnité à laquelle ils ont droit. Si, dans l'espace d'une année, des sociétaires deviennent créanciers de la Société pour 100,000 fr. par suite de sinistres, et que les contributions portées à leurs dernières limites ne puissent produire que 50,000 fr., les incendiés ne recevront que 50 0/0 de leur indemnité! La prévoyance peut-elle conseiller une assurance aussi précaire, aussi incertaine?

Dans un petit nombre de *Compagnies mutuelles*, nous le savons, le montant de toutes les indemnités, quel que soit le chiffre qu'elles peuvent atteindre, tombe à la charge de la *Société*. Ici, la condition de l'incendié devient meilleure, en ce sens qu'il peut espérer l'indemnité complète qui lui est due; mais les sociétaires encourent alors une immense responsabilité. Ils ne peuvent calculer la dépense que les contributions pour les sinistres leur imposeront chaque année.

A cette éventualité vient se joindre une cruelle incertitude. L'assuré ne sait pas si ses co-sociétaires pourront lui rendre ce qu'il aurait perdu, et remplir, à son égard, les engagements qu'il peut, lui, contracter vis-à-vis d'eux. Il a donc la perspective de payer, toujours, bien entendu, en dehors des frais d'administration, des contributions très-élevées pour indemniser les autres, sans qu'il lui soit démontré que ceux-ci puissent, le cas échéant, s'imposer en sa faveur de semblables sacrifices.

Par cette solidarité, on impose une charge énorme aux uns, et l'on crée un privilége exorbitant en faveur des autres.

Une Société mutuelle, la *Clémentine*, semble avoir résumé dans son organisation les deux principaux inconvénients des mutualités, c'est-à-dire l'éventualité dans les charges et l'insuffisance dans la garantie.

Cette Compagnie s'est fondée en 1843. Elle a placé son siége social à Rouen, et a obtenu, vers la fin de 1848, l'autorisation d'opérer dans toute la France. Après quatorze années d'existence, elle comptait 260 millions de valeurs assurées.

La *Clémentine* s'est établie dans le but d'assurer contre l'incendie les fabriques, usines et manufactures, ainsi que le mobilier de toute sorte et les marchandises que ces établissements renferment; elle ne garantit, comme on le voit, que des valeurs industrielles.

La Compagnie englobe ainsi dans une même association et garantit pour de fortes sommes une foule de risques d'une nature diverse, *tous d'une extrême gravité*, sur lesquels les sinistres sont fréquents et généralement considérables.

Comment, tandis que les Compagnies à primes, malgré le soin consciencieux qu'elles ont apporté à établir leur tarif, à le graduer selon les risques, à le réviser selon les circonstances, sont loin de faire des bénéfices sur les assurances des usines, la *Clémentine* s'est constituée en vue de cette unique spécialité d'assurances !

Il y a plus : c'est que la *Clémentine*, guidée par une pensée de concurrence et dans l'espoir d'attirer à elle certains fabricants, et notamment les *filateurs*, les a traités plus favorablement que d'autres industriels, en leur faisant payer proportionnellement moins cher.

Nous comprenons que ce système ait réussi, surtout dans la Seine-Inférieure, où la fréquence des incendies de filatures avait forcé les Compagnies à primes d'augmenter, pour ces établissements, le taux de l'assurance; mais la *Clémentine* pouvait-elle toujours garantir les usines aux prix inférieurs dont elle s'était prévalue dès les premières années de son existence? Il y a longtemps que nous avons fait connaître nos doutes à cet égard. Ces doutes, les événements se sont chargés de les justifier.

« Cette Société Mutuelle, disions-nous, a été favorisée pendant les cinq ou six premières années de son existence, nous le reconnaissons ; nous admettons encore que les sinistres, toujours graves et nombreux sur les usines, ont été d'abord, et par une exception inouïe, fort rares pour elle. Mais on conviendra cependant que de mauvais jours puissent rapidement succéder aux meilleures années. »

Or, ces prévisions se sont réalisées :

Pendant la première année de son existence, la *Clémentine* n'a appelé, il est vrai, que de très-faibles contributions, parce que, assureur alors d'un très-petit nombre de risques, elle n'avait éprouvé que peu de sinistres ; mais les sinistres ont augmenté, et le montant des contributions s'est accru.

Les distilleries de résine, qui payaient 1 fr. 20 c. pour 1,000 fr. en 1844, ont payé en 1845 4 fr. 77 c.; en 1851, 5 fr. 34 c.; en 1852, 7 fr. 70 c.

Le fabricant d'ouates, qui payait d'abord 1 fr. 05 c., a payé dès la seconde année 4 fr. 18 c.; en 1851, 5 fr. 34 c.; en 1852, 7 fr. 70 c.; en 1854, 19 fr. 88 c.

Le fabricant de porcelaines (fours chauffés par bois) a payé dès l'origine 0 fr. 45 c. seulement : il a payé 2 fr. en 1851 ; en 1852, 2 fr. 88 c.

Le raffineur de sucre (anciens procédés) a payé, en 1849, 1 fr. 35 c. ; dès l'année suivante, 5 fr. 37 c. ; pour 1851, 6 fr. ; en 1852, 8 fr. 66 c. ; enfin, pour 1854, 10 fr. 45 c.

Les fabriques d'allumettes chimiques ont payé 3 fr. la première année : 11 fr. 94 plus tard ; en 1851, 13 fr. 35 c. ; en 1852, 19 fr. 26 c.

Les fabriques de garance ont payé pour les étuves d'abord 2 fr. 21 c., puis 8 fr. 95 c. ; elles ont payé plus de 10 fr. en 1851 ; pour 1852, 14 fr. 44 c. ; en 1854, 22 fr. 36 c. Les risques contigus aux étuves, qui payaient déjà 3 fr. 20 c. en 1852, payaient en 1854 11 f. 93.

Les filatures de coton, dans les meilleures conditions, c'est-à-dire chauffées à la vapeur, éclairées au gaz, lesquelles avaient payé 3 fr. 30 c. en 1850 ; 4 fr. 50 c. en 1851, ont été imposées en 1852 à raison de 6 fr. 27 c. ; en 1854, à raison de 8 fr. 94 c.

Les papeteries avec étendoirs ont payé successivement 2 fr. 84 c. ; 3 fr. 83 c. ; en 1852, 5 fr. 31 c. ; en 1854, 7 fr. 45 c. Or, ces papeteries sont assurées par les Compagnies à primes fixes au prix de 4 fr. par 1,000 fr. !

Nous pourrions multiplier ces exemples à l'infini ; ils prouveraient que l'attrait du bon marché, qui avait séduit d'abord les fabricants et les avait engagés à rechercher ce nouveau mode d'assurances, a disparu.

Il résulte des comptes rendus de la *Clémen-*

tine, que la contribution annuelle a subi les augmentations suivantes :

CONTRIBUTION ANNUELLE POUR 1,000 FR. DE GARANTIE.

1851	156 fr.
1852	321 fr.
1854	339 fr.
1855	497 fr. 45 c.
1857	550 fr.

EXEMPLE : Un raffineur de sucre (cuite et chauffage entièrement à la vapeur), est assuré pour 100,000 fr. Le maximum de garantie qui lui est imposé annuellement est de 900 fr. : 9 fr. pour 1000 fr. Or, pour 1857, il aura dû payer plus de moitié ; soit 495 fr. 95 c. ou 4 fr. 95 c. par 1,000 fr.

Ces contributions s'élevant ainsi, il peut donc arriver que la *Clémentine* fasse payer pour les risques les plus dangereux *aussi cher* que les Compagnies à primes fixes, et pour tous les autres risques *plus cher* que ces mêmes Compagnies (1). Il faut reconnaître que si les sociétaires de la *Clémentine* peuvent espérer que des années plus heureuses verront décroître ces contributions, ils sont menacés

---

(1) Les charges sociales de la *Clémentine*, y compris les frais d'administration, ont atteint pour presque tous les risques, et excédé, pour un certain nombre d'autres, les primes déterminées par les Compagnies à primes fixes.

aussi d'une augmentation qui peut doubler leurs charges; la *Mutualité*, en effet, n'est rien autre chose que l'*Imprévu*. Ces propriétaires assurés auront, en outre, à faire face: 1° au paiement de la moitié des frais d'une expertise qui, dans la *Clémentine*, précède toute assurance, 2° au paiement d'une cotisation annuelle de 50 c. par 1,000 fr. de valeurs assurées pour frais d'administration.

Quelle étrange situation, d'ailleurs, les Statuts de la *Clémentine* n'ont-ils pas faite à ces sociétaires!

Chacun d'eux prend l'engagement de payer sa contribution aux sinistres jusqu'à concurrence d'un *maximum* déterminé par la classe à laquelle appartient le risque couvert par la Société.

Ainsi, un fabricant de papier, exploitant une papeterie avec étendoirs, qui veut contracter avec la *Clémentine* une assurance de 100,000 fr., s'oblige à payer, s'il y a lieu, jusqu'à concurrence de 1,500 fr., soit 15 fr. pour 1,000 fr. Il verse en outre, en entrant dans la Société, un quart (1) de ces 1,500 fr. soit 375 fr., pour concourir à la formation d'un fonds de prévoyance.

Si, dans l'année, les incendies se multiplient, si de nombreuses filatures brûlent; s'il est nécessaire de demander aux sociétaires

(1) Ce cautionnement avait été fixé d'abord au cinquième du *maximum*.

la contribution la plus élevée qu'ils doivent supporter, le fabricant de papier sera tenu d'ajouter 1,125 fr. aux 375 fr. versés et d'acquitter ainsi son chiffre *maximum* de 1,500 fr. Mais s'il est lui-même au nombre des sinistrés, recevra-t-il au moins le montant de l'indemnité à laquelle il a droit? Rien n'est moins certain.

Il éprouve au mois de janvier, par exemple, un sinistre de 50,000 fr.; il reçoit en compte (art. 21 des Statuts) des portions d'indemnité qui seront déterminées par le Conseil d'administration, et il attendra, pour le surplus, l'époque de l'année (31 octobre) où l'on fait l'appel des contributions sociales. Mais si cette contribution est insuffisante pour compléter les indemnités dues à raison des sinistres arrivés dans le cours de l'année, le produit de la contribution sera distribué au centime le franc entre les assurés incendiés (art. 15 des Statuts) : de telle sorte que le fabricant dont nous parlons et qui aura éprouvé une perte de 50,000 fr., ne recevra peut-être que le tiers, que le quart de cette somme; car si les contributions, élevées à leur *maximum*, ne répondent pas aux indemnités dues aux incendiés, ceux-ci perdent la différence et *la perdent sans retour*.

On voit que la position du sociétaire, déjà très-fâcheuse par suite des charges qui lui sont imposées s'aggrave d'autant plus qu'il ne saurait jamais espérer, au prix même des plus grands sacrifices, d'être complétement indemnisé en cas de sinistre.

Il serait assez naturel de croire que les assurés qui n'ont reçu, en quelque sorte, qu'un dividende, restent créanciers de la Société et puissent se faire payer sur les fonds de l'année suivante, car toutes les années ne seront pas également défavorables : il n'en est rien. L'art. 15 que nous venons de citer ajoute : « Sans qu'ils (les assurés incendiés) puissent, en aucun cas, avoir recours sur les ressources afférentes aux exercices postérieurs. »

L'intérêt personnel des directeurs de la *Clémentine* leur a évidemment inspiré cette clause des Statuts, tout exorbitante qu'elle est. Ils ont compris que de nouveaux sociétaires — et ils payent annuellement entre les mains du directeur 50 c. par 1,000 fr., pour frais d'administration — seraient peu tentés d'entrer dans une association grevée de dettes : aussi ont-ils voulu que chaque année formât un compte à part, clos et définitif. Il importait peu à la Direction de la *Clémentine* que les incendiés fussent exposés à perdre une partie de l'indemnité qui leur était acquise, pourvu que les sociétaires, dont il fallait, avant tout grossir le nombre, entrassent, chaque année, dans cette association, libres de tout engagement avec le passé, sauf à subir plus tard par eux-mêmes cette expérience qui consiste à payer souvent *fort cher* une assurance qui, en réalité, *n'existe pas*.

Il nous reste à examiner, pour achever la comparaison que nous avons voulu établir entre les *assurances à primes fixes* et les *assurances mutuelles*, à quelle époque le sociétaire incendié touche son indemnité, quelle qu'elle soit, — faible ou importante, — partielle ou complète.

C'est là un point très-capital.

III.

Paiement tardif des indemnités par les sociétés mutuelles.

Dans les *Compagnies à primes fixes*, les primes étant perçues à l'avance, et le capital social se trouvant encore au delà de ces primes, l'assuré est indemnisé des dommages qu'il a soufferts aussitôt l'expertise, et à toute époque de l'année.

Les *Sociétés mutuelles* n'ayant ni fonds social, ni fonds de réserve, surtout lorsqu'elles commencent leurs opérations, les sociétaires sont obligés d'attendre, pour le règlement de leurs sinistres, le recouvrement des contributions. Mais le montant de ces contributions ne peut être déterminé et mis en recouvrement que lorsque la *Société* connaît d'une manière exacte l'importance des sinistres survenus dans l'année, c'est-à-dire seulement à la fin de chaque exercice.

Les incendiés peuvent donc être PLUSIEURS MOIS, PLUSIEURS ANNÉES même, sans recevoir l'indemnité à laquelle ils ont droit. Quand la Compagnie vient à leur aide, ils ont eu le temps de manquer à leurs engagements, de ne pas payer leurs billets, de tomber en faillite ou de se ruiner en emprunts onéreux, et cela parce qu'ils sont tardivement remboursés.

Or, en matière d'assurance, on peut affirmer que le paiement immédiat de l'indemnité en augmente réellement la valeur, tandis qu'une indemnité tardive n'est souvent qu'une stérile réparation.

Dira-t-on que nous exagérons ces retards si pénibles pour les incendiés? Voici un fait, choisi entre plusieurs autres, qui parlera plus haut et mieux que nous.

Le 1er mai 1842, le directeur de la *Compagnie mutuelle immobilière de la Côte-d'Or*, établie à Dijon, annonçait à ses sociétaires sinistrés que l'année 1841 avait absorbé toutes les ressources et qu'il n'y aurait rien à distribuer aux incendiés de l'arriéré. Et savez-vous de quelle époque datait cet arriéré? Des années 1839 et 1840. Or, en 1843, les incendiés n'avaient encore reçu que 50 0/0 des indemnités auxquelles ils avaient droit depuis déjà trois années !

Ils ont attendu pour le paiement du surplus

des indemnités qui leur étaient acquises, et leur attente a été vaine ; car le Conseil d'administration de la Société a, par une délibération du 18 juillet 1846, déclaré que la Compagnie cessait ses opérations ; et un procès, que cette décision a fait naître, est venu nous apprendre que cette *Société mutuelle* était sous le coup d'un découvert de plus de 400,000 francs (1)! Ainsi, des propriétaires qui avaient placé sous la sauvegarde de cette *Société mutuelle* leurs immeubles, détruits depuis longtemps par le feu ; qui, chaque année, acquittaient loyalement leur contribution applicable au paiement des sinistres, n'auront point été indemnisés ou n'auront reçu qu'une indemnité dérisoire !

Le sort qu'a subi la *Société d'assurance mutuelle immobilière de la Côte-d'Or*, n'est qu'un épisode de l'histoire de la *Mutualité*. Toutes les Compagnies mutuelles, en effet, sans en excepter celles qui vantent leur prospérité actuelle, peuvent se trouver, un jour, par une succession imprévue de sinistres, forcées, comme la *Mutualité* de Dijon, à avouer leur impuissance et à s'abîmer, comme elle, dans une catastrophe déplorable pour leurs intéressés (2).

(1) *Le Droit*, journ. des tribunaux, 6 et 7 fév. 1847.
(2) Des résultats analogues se sont déjà produits en partie dans la mutualité immobilière du Cher (de 1820), dont les sinistrés attendaient encore et

Le *Système mutuel* peut donc se résumer en ces termes généraux :

En apparence, ÉCONOMIE ; mais, en réalité :

ÉVENTUALITÉ dans la dépense à supporter annuellement ;

INCERTITUDE des charges de la Société.

Dans le cas où le *maximum* de la répartition est fixé :

INDEMNITÉ TROP SOUVENT INSUFFISANTE.

Dans le cas où les sociétaires doivent solidairement le remboursement des dommages quels qu'ils soient :

DOUTE PERPÉTUEL pour l'assuré de la solvabilité et de la bonne foi de ses co-sociétaires ;

RESPONSABILITÉ INDÉFINIE, qui, sans cesse, pèse sur sa fortune, sans que la responsabilité de ses co-assurés lui assure une garantie semblable.

Dans tous les cas, enfin,

INDEMNITÉ TARDIVE.

CHAPITRE VIII.

DÉSAVANTAGE DU SYSTÈME MUTUEL APPLIQUÉ A L'ASSURANCE DES VALEURS MOBILIÈRES ET DES MARCHANDISES ; — A L'ASSURANCE DES RISQUES LOCATIFS ET DE VOISINAGE.

Il est à regretter que le Conseil d'État, qui

réclamaient, en 1851, le paiement d'indemnités depuis la fin de 1846.

avait longtemps hésité à permettre que le système *mutuel* pût être appliqué à l'assurance des valeurs mobilières et des marchandises, se soit écarté de la ligne prudente qu'il avait d'abord suivie, et qu'il ait accordé aux *Sociétés mutuelles* la faculté de comprendre cette assurance dans leurs opérations, les autorisant en outre à garantir les *risques locatifs et de voisinage* (1).

La *Mutualité*, dont nous avons signalé les inconvénients au sujet des assurances immobilières, n'est pas, à nos yeux, plus acceptable lorsqu'elle s'étend à d'autres risques. Le cercle des déceptions et des dangers auxquels les sociétaires assurés sont exposés s'agrandit seulement.

I.

De l'assurance mutuelle appliquée aux valeurs mobilières et aux marchandises.

Dans les *Sociétés mutuelles*, l'assurance des mobiliers ou des marchandises fait peser sur les sociétaires une responsabilité d'autant plus grande, que les objets assurés sont, pour la *Société*, un gage moins certain.

L'objet assuré, dans la *Mutualité*, est réputé le gage qui garantit à tous les membres

(1) Voir l'explication des risques locatifs et de voisinage au Chapitre IV, page 25.

de la *Société* que les engagements de chaque sociétaire seront remplis envers elle.

Quand une *Société mutuelle* assure une maison, par exemple, celle-ci devient pour elle un gage matériel qui ne peut disparaître. Si le propriétaire de cette maison ne paie pas les contributions aux sinistres qu'il doit du chef de cette assurance, il ne pourra échapper aux poursuites que la *Société* exercerait contre lui. Que la même *Société*, au contraire, assure des valeurs mobilières ou des marchandises qui peuvent être vendues, changées, dénaturées, transportées dans d'autres lieux, comment la *Société* obtiendra-t-elle de leur propriétaire, s'il est de mauvaise foi, le paiement de sa quote-part dans les contributions aux sinistres, alors que les objets assurés ne pourront peut-être plus mettre la Société sur ses traces?

Qu'arrivera-t-il alors? C'est que s'il ne paie pas, les autres sociétaires seront obligés de payer pour lui. Car il ne faut pas perdre de vue que la *Mutualité* établit entre tous les intéressés la plus dangereuse solidarité.

II.

De l'Assurance mutuelle appliquée aux risques locatifs et de voisinage.

Quelle est la situation réelle de la personne qui fait garantir par une *Compagnie mutuelle* ses risques locatifs et de voisinage?

Un incendie a éclaté dans les lieux habités par cet assuré; le feu détruit ou endommage la maison de son *propriétaire*; le *voisin*, de son côté, éprouve des pertes par la communication de l'incendie; voici ce qu'il adviendra :

Le propriétaire de l'immeuble ou la Compagnie qui en était assureur, et le voisin, à son tour, feront estimer les pertes par eux éprouvées, puis ils demanderont à l'assuré incendié le remboursement immédiat de l'indemnité qui leur est due.

Vainement le sociétaire assuré répondra :
« J'ai fait assurer par une *Société mutuelle* mes risques locatifs et de voisinage; toutefois, je ne reçois aujourd'hui qu'un à-compte et je ne serai indemnisé que plus tard, que dans un an, qu'au moment, enfin, où la répartition des contributions pour les sinistres s'opérera entre les incendiés; attendez. »

On comprend très-bien que le propriétaire ou la Compagnie qui lui est substituée, et le voisin, ne peuvent admettre ce raisonnement. Ils ne connaissent que le locataire incendié; il faut que celui-ci paie sans délai, s'il ne veut être poursuivi aux termes des articles 1733, 1734, 1382 et 1383 du Code Napoléon. Il faut d'abord qu'il paie ce qu'il doit; sauf, à ses risques et périls, à recevoir plus tard l'indemnité qui lui sera départie par la *Compagnie mutuelle*.

Ainsi, outre la cotisation qu'ils paient pour

frais d'administration ; outre leur quote-part dans les contributions annuelles, les sociétaires d'une *Mutualité* devront donc avoir toujours en réserve une somme destinée à faire face aux remboursements que les risques locatifs et de voisinage peuvent faire à tout instant peser sur eux ! Et c'est ce système mutuel, si vicieux, si compromettant pour les assurés, que les partisans de la *Mutualité* considèrent comme la perfection des assurances !

Nous avouons que les Compagnies *à primes fixes* ont un genre de perfection que nous souhaitons aux Compagnies *mutuelles* : c'est qu'elles paient immédiatement et intégralement les risques qu'elles ont couverts. — Elles assurent, par exemple, moyennant une prime modique, contre le *recours du propriétaire* et contre le *recours du voisin* ; mais, en cas d'incendie, l'assuré est à l'abri de toute inquiétude, de toutes poursuites, de tout remboursement : les indemnités qu'il doit sont payées aux intéressés, sans qu'il ait même à s'en occuper.

CHAPITRE IX.

DES COMPAGNIES LOCALES D'ASSURANCES.

En dehors des Compagnies d'assurances

anonymes et à primes fixes, et dont les opérations embrassent toute la France, le Gouvernement a quelquefois autorisé des Compagnies qui ne peuvent assurer — les unes, que dans les limites d'un département, — les autres, que dans l'enceinte d'une ville.

Les *Compagnies locales* ne peuvent être avantageuses ni pour les assurés ni pour leurs *actionnaires*.

Il faut, en effet, qu'elles trouvent forcément dans le cercle restreint où elles agissent, dans un département ou dans une ville, les primes nécessaires pour faire face aux risques qu'elles courent. En supposant que ces Compagnies perçoivent dans les localités qui leur sont assignées la plus grande masse de primes auxquelles elles puissent prétendre, elles se trouveront alors en face d'engagements énormes.

Or, leurs ressources seront-elles toujours en harmonie avec les chances acceptées ? ces Compagnies ne blessent-elles pas le premier principe de vie pour une Compagnie d'assurances, qui est de chercher — à diviser ses risques, — à multiplier la source de primes ? N'altèrent-elles pas enfin les garanties que les assurés doivent rechercher ?

Voici, au surplus, quelques faits qui prouvent que la proportion entre les risques assurés et les primes reçues ne saurait être invoquée par ces Compagnies, et qu'elles ne présentent pas une sécurité complète pour les capitaux.

Une Compagnie locale, a *Compagnie Bordelaise*, qui n'opérait que dans la Gironde, a été forcée de se liquider par le fait d'un *seul sinistre*. En dehors des primes absorbées, le capital social avait reçu une grave atteinte. La *Compagnie Elbeuvienne*, qui n'assurait que dans la ville d'Elbeuf (*intrà muros*), aurait eu le même sort, il y a quelques années, à la suite d'une perte importante, si elle ne s'était adressée à quelques Compagnies *anonymes* à primes, qui voulurent bien se charger de la majeure partie de ses risques.

Ce qui était arrivé aux Compagnies locales la *Bordelaise* et l'*Elbeuvienne* s'est fidèlement reproduit à Hambourg (*Incendie du mois de mai* 1841) et à Lyon (*Incendie de l'hôtel de la Recette générale, mars* 1851).

Trois Compagnies locales à primes, la *Compagnie Patriotique*, les deuxième et cinquième *Compagnies d'assurances* de Hambourg, constituées : la première, avec un capital de 800,000 marcs banco ; la seconde, avec un million de capital ; la troisième avec des ressources plus importantes encore, ont été forcées de cesser leurs opérations. Des capitalistes ou des actionnaires ont vu leurs fonds absorbés et perdus sans ressource.

Nous avons indiqué plus haut (1) quels

(1) Voir page 40.

lourds sacrifices l'incendie qui détruisit à Lyon l'immeuble connu sous le nom de Maison Milanais, avait imposés aux propriétaires assurés à la *Compagnie mutuelle* de cette ville.

Les Compagnies à primes qui assurent dans toute la France, ont un avantage qu'on ne saurait méconnaître : leurs sinistres sont divisés à l'infini ; puis elles recueillent des primes sur toute l'étendue du pays, au delà même de ses frontières. Les *Compagnies locales*, au contraire, sont privées de force et de vitalité ; elles peuvent se débattre plus ou moins longtemps contre les événements fâcheux qui viennent les assaillir, mais elles ont dans leur organisation un vice originel qui doit peser fatalement sur leur durée.

FIN.

Paris. Imp. Balitout, Questroy et Cⁱᵉ, rue Baillif.

TABLE DES MATIÈRES.

AU LECTEUR.	5
CHAP. Ier. Ce que c'est qu'une assurance contre l'incendie.	7
CHAP. II. Avantages qui résultent des assurances contre l'incendie	11
CHAP. III. Ce que les Compagnies d'assurances remboursent aux incendiés.	19
CHAP. IV. Ce que c'est que s'assurer contre le recours du propriétaire et contre le recours du voisin.	25
CHAP. V. Du recours du locataire contre le propriétaire en cas d'incendie provenant d'un vice de construction.	29
CHAP. VI. Des divers systèmes d'assurances.	32
CHAP. VII. Comparaison entre les assurances à primes fixes et les assurances mutuelles.	37
De la prétendue économie offerte par les assurances mutuelles.	38
Insuffisance des indemnités accordées par les Sociétés mutuelles.	42
Observations sur la *Clémentine*, société d'assurance mutuelle	44
Paiement tardif des indemnités par les Sociétés mutuelles	52
CHAP. VIII. Désavantage du système mutuel appliqué à l'assurance des valeurs mobilières et des marchandises; — à l'assurance des risques locatifs et de voisinage.	55
CHAP. IX. Des Compagnies locales d'assurances.	59

PARIS
IMPRIMERIE BALITOUT, QUESTROY ET Ce
7, rue Baillif, et rue de Valois, 18

www.ingramcontent.com/pod-product-compliance
Lightning Source LLC
LaVergne TN
LVHW021732080426
835510LV00010B/1211